le corps

Conception et rédaction :
Delphine Gravier-Badreddine

Conseil pédagogique :
France Cottin

Illustrations :
Charlotte Roederer

Graphisme :
Cédric Ramadier

le corps

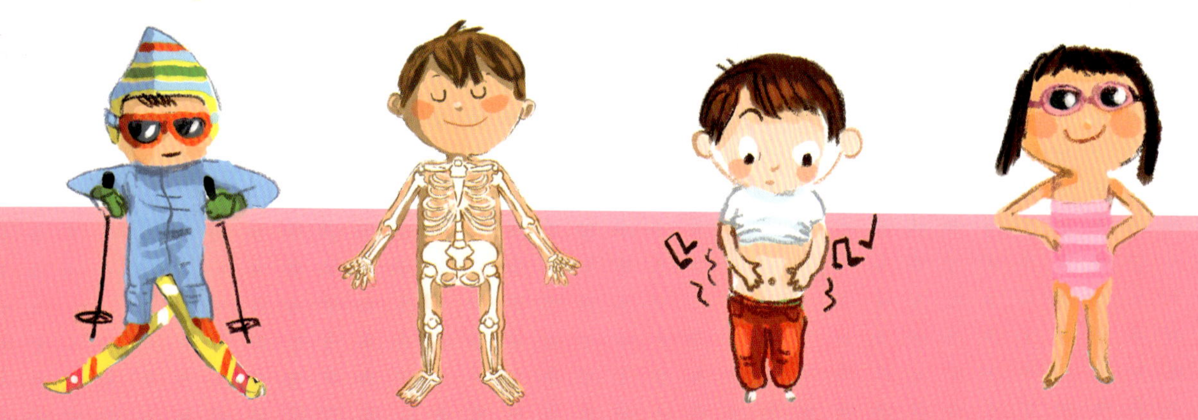

sommaire

sommaire

depuis ta naissance

Depuis que tu es né,
ton corps
a beaucoup changé.
Tu étais un bébé,
tu es devenu un enfant!

dans le ventre de maman

Le bébé grandit pendant neuf mois
dans le ventre de sa maman.

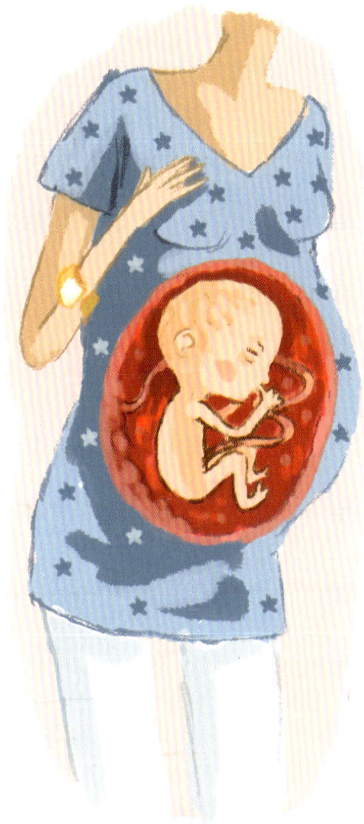

Il est blotti dans
une grande poche d'eau,
où il grandit petit à petit.

Avant de naître, le bébé
peut déjà entendre les bruits
du dehors.

Parfois il dort, parfois il suce
son pouce, parfois il fait pipi.

Quand on pose
la main sur le
ventre de la future
maman, on sent
le bébé bouger.

Demande à ta maman
si elle te sentait bouger
quand tu étais dans son ventre.

la naissance

Quand le bébé a bien grandi, c'est le grand jour !
La maman va accoucher.

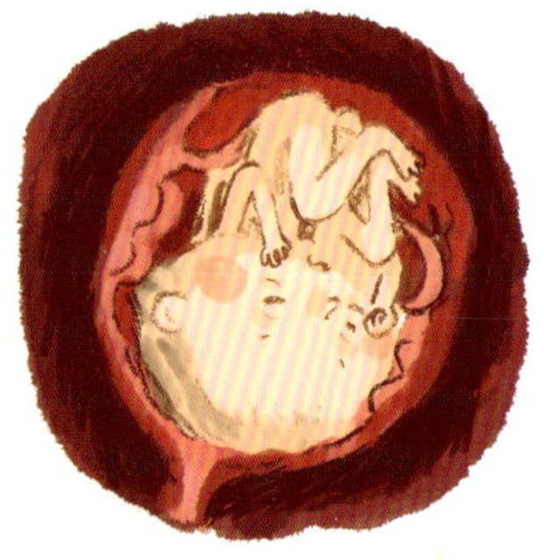

Quand le bébé n'a plus assez de place dans le ventre, c'est le moment de naître !

Au moment de sa naissance, il pleure, puis il s'endort.

La sage-femme nettoie le bébé et l'habille pour qu'il ait bien chaud.

Toute la famille vient
admirer le nouveau-né.
Qu'il est petit et fragile !

Quel est le seul aliment
que ce tout petit bébé
peut manger ?

tu grandis

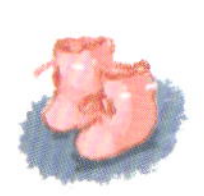   

Chaque jour, tu grandis
sans même t'en rendre compte.

Il y a longtemps, tu étais un tout petit bébé.
Mais, maintenant, tu sais marcher, courir, parler et dessiner.

Chaque jour, tu apprends
de nouvelles choses.

Tes vieux vêtements
sont devenus trop
petits lorsque tu as
beaucoup grandi !

Avant de devenir aussi grand que ton papa ou ta maman, ton corps va grandir pendant plusieurs années.

Dans cette image, montre l'enfant le plus grand et l'enfant le plus petit.

à qui ressembles-tu ?

Chaque enfant a été conçu par un homme, le papa, et une femme, la maman.

Le papa et la maman se sont rencontrés. Ensuite, ils ont décidé d'avoir un enfant.

Les enfants ressemblent souvent à leurs parents : les cheveux, les yeux, la couleur de la peau, la forme du nez...

Voici une famille, avec un papa, une maman, un frère et une sœur.

Dans cette image, repère les ressemblances entre les parents et les enfants.

tu es unique

Personne n'a le même visage ni le même corps que toi.
Nous sommes tous différents.

Regarde tes mains, et compare-les avec celles de tes copains.
Toutes sont différentes !

Observe les yeux des membres de ta famille.
Ils sont tous différents, non ?

Ferme les yeux et écoute qui parle derrière toi.
Tu peux reconnaître la voix !

Pour reconnaître quelqu'un le plus facile est de regarder son visage !

Autour de toi, les enfants sont tous différents : il y a des minces, des gros, des petits et des grands, des bruns, des roux, et des enfants aux couleurs de peau variées!

comment marche

Ton corps est comme une grande machine.
Quand il marche un peu moins bien,
tu es malade et il faut te soigner.

ton corps?

comment est fait ton corps?

Le corps de chaque personne est fait sur le même modèle : deux bras, deux jambes, une tête…

Sous la peau, tu peux sentir quelque chose de dur. Ce sont les os!

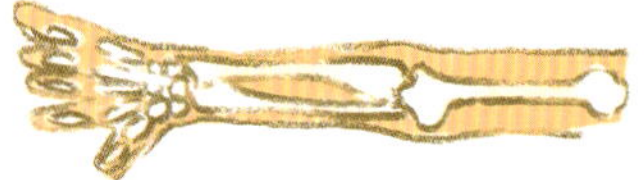

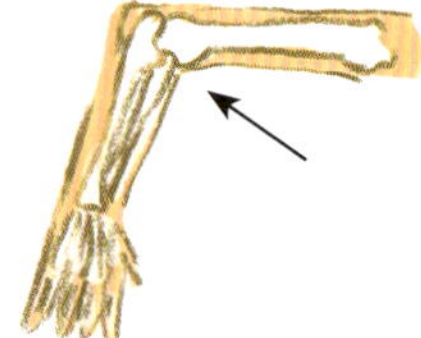

Pour que ton bras puisse se plier, entre deux os, il existe une partie appelée articulation.

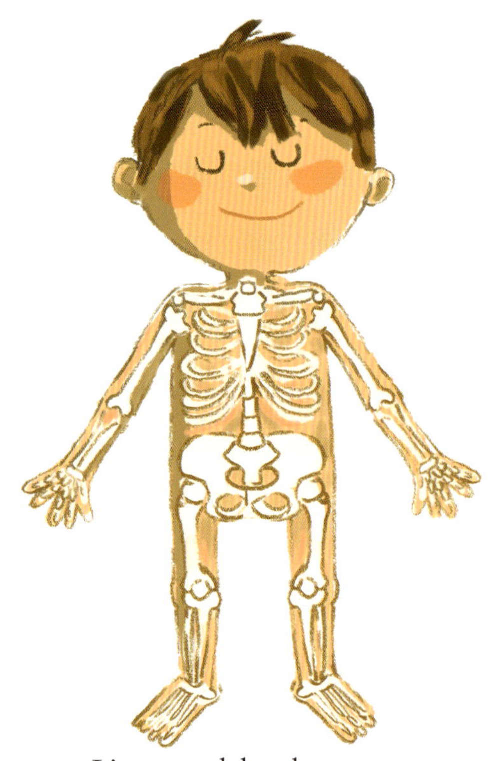

L'ensemble de ces os forment le squelette.

Montre sur ton corps les articulations appelées genou, coude, cheville et poignet.

Chaque partie du corps est très utile pour bouger, marcher, sauter… vivre !

comment est faite ta tête?

La tête est la partie la plus importante de ton corps. C'est elle qui commande tout ce que tu fais.

Ta tête est comme une boîte, le crâne. À l'intérieur, le cerveau te permet de réfléchir.

Quand tu fais du vélo, ton cerveau ordonne à tes jambes de pédaler.

C'est dans ton cerveau que sont rangés tes souvenirs.

La nuit, ton cerveau continue à travailler : il invente les rêves.

À l'extérieur
de la tête,
les cheveux
recouvrent
le crâne.
La partie avant
de la tête
s'appelle le visage.

Sur ton visage, montre le nez,
les yeux, le menton, les joues,
les lèvres et le front.

les garçons et les filles

Pour distinguer un garçon d'une fille,
il y a tout un tas de petites différences physiques.

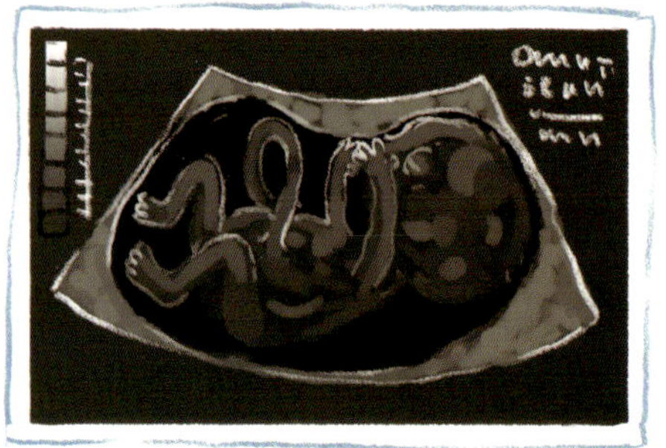

Bien avant la naissance, on peut savoir si le bébé est un garçon ou une fille grâce à l'échographie.

Les filles et les garçons ont des sexes différents.

Une fois adulte, seule la femme peut porter un enfant dans son ventre.

En grandissant, les filles deviendront des femmes et les garçons deviendront des hommes.

Quand tu seras grand, seras-tu un homme ou une femme ?

les bruits du corps

Les bruits du corps montrent qu'à l'intérieur, tout est en mouvement !

Si tu places ton oreille près de la poitrine, tu entends les battements du cœur.

En écoutant le ventre, tu entends les bruits de la digestion.

Que se passe-t-il quand une poussière est entrée dans ton nez ? Tu éternues !

Que se passe-t-il quand tu as avalé un peu d'air ? Tu fais un petit rot !

Que se passe-t-il quand cet air est descendu dans ton ventre ? Tu fais un petit pet !

Le docteur écoute
toujours les bruits
du corps, pour deviner
ce qui se passe
à l'intérieur.

As-tu déjà eu le hoquet ?
Tu avais sûrement avalé trop vite
ou un peu trop rigolé !

pourquoi tu fais pipi et caca?

Ce que tu manges et ce que tu bois descendent dans ton ventre. Tout ce qui est utile pour grandir reste dans ton corps. Mais où va ce qui n'est pas utile?

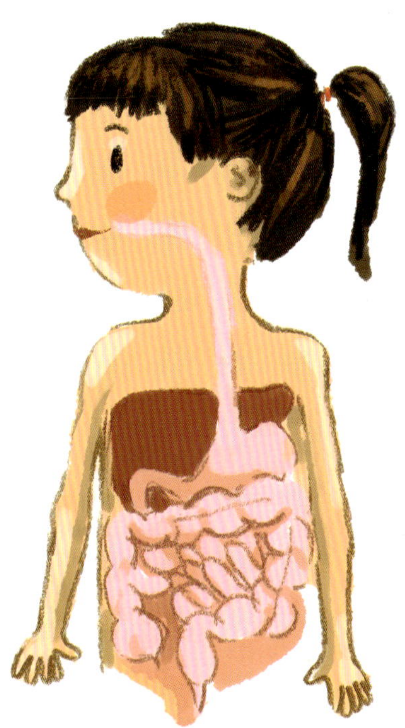

Ce qui n'est pas utile se transforme en pipi et en caca. Tu les élimines en allant aux toilettes.

Les bébés portent des couches. Mais les enfants vont sur le pot et même sur les toilettes des grands!

Plusieurs fois par
jour, tu as besoin
d’aller aux toilettes.
N’oublie pas de
te laver les mains
après !
Sur la grande image, nomme
tout ce que tu utilises lorsque
tu vas aux toilettes.

pourquoi tu dors ?

Quand tu dors, ton corps continue à fonctionner : tu respires, tu rêves… Mais tes muscles se reposent.

Quand tu bâilles, c'est le signe que le sommeil arrive.

Quand tu t'endors, tes yeux se ferment tout seuls.

Quand tu te réveilles, tout ton corps se remet en marche.

Quand tu dors, ton corps se repose : il ne bouge plus, tes yeux sont fermés, tu n'écoutes plus les bruits du dehors.

Et toi, dans quelle position aimes-tu dormir ?

as-tu chaud ou froid?

Ton corps est toujours à la même température : 37 °C.

Quand tu as de la fièvre,
ta température monte à 38, 39
et même parfois à 40 °C!

Quand il fait
très froid,
ton corps essaie
de se réchauffer
en créant
des frissons.

Quand tu as très chaud,
ta peau essaie de se rafraîchir
en transpirant.

Ton corps est
capable de sentir ce
qui est froid et ce qui est chaud.
Il réagit aux changements
de température.

Repère dans cette image
ce qui est froid.

pourquoi tu saignes?

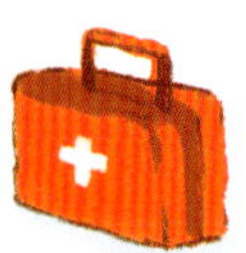

Quand tu te blesses, ta peau s'ouvre ou s'abîme.
Un peu de sang se met à couler.

Sous ta peau
se cachent de petits
tuyaux dans lesquels
circule le sang.
Ce sont les veines
et les vaisseaux.

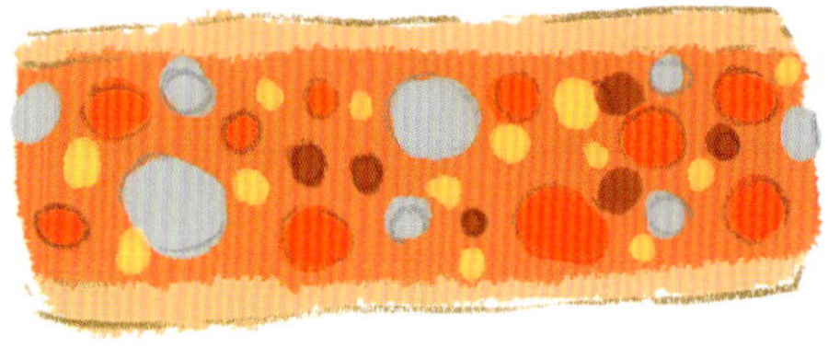

Le sang transporte
dans le corps
les éléments
nécessaires pour
grandir et rester
en bonne santé.

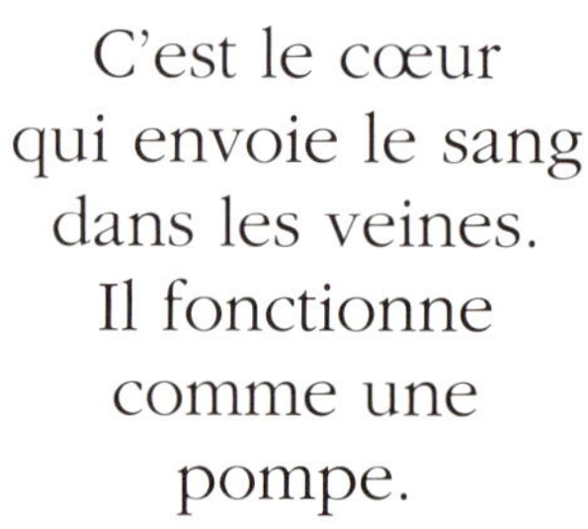

C'est le cœur
qui envoie le sang
dans les veines.
Il fonctionne
comme une
pompe.

Quand tu saignes,
il faut bien nettoyer
le bobo. Très souvent,
la peau se répare
toute seule.

Et toi, mets-tu un petit
pansement quand
tu saignes ?

pourquoi tu as mal?

Quand tu as mal, la partie blessée t'envoie un signal.
C'est la douleur.

Notre corps a mal
quand il est abîmé.

Parfois, il réclame
des soins!

Pour éviter de se blesser, il ne faut jamais
toucher aux objets dangereux!

Quand tu tombes,
ton corps reçoit
un choc. La douleur
est parfois très vive.

Que faut-il bien tenir
pour ne pas tomber
dans l'escalier ?

comment prendre

Pour être en bonne santé, il faut se laver, bien se nourrir, faire de l'exercice et se soigner.

soin de ton corps?

tu manges équilibré

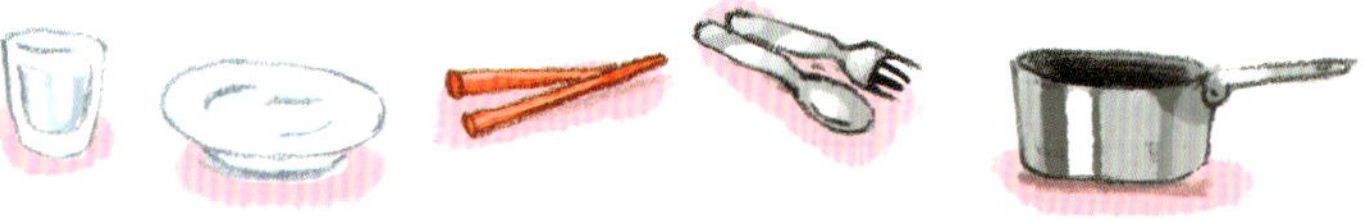

Tu ne pourrais pas vivre sans manger, car la nourriture t'apporte l'énergie nécessaire. Chaque aliment est indispensable.

La viande, le poisson et les œufs contiennent des protéines. Elles donnent des forces.

Les fruits et légumes contiennent des vitamines. Elles aident à se protéger des maladies.

Le lait et les yaourts contiennent du calcium. Il permet aux os de grandir.

Le pain, les pâtes et le riz contiennent des sucres lents. Ils apportent de l'énergie.

Lorsque ton corps n'a plus beaucoup d'énergie en réserve, il réclame à manger : à ce moment-là, tu as très faim.

tu fais de l'exercice

Le corps a besoin de bouger pour être en forme. As-tu remarqué comme ça fait du bien de courir, de faire du vélo ou de nager?

C'est bon pour la santé de bouger ton corps : sauter, lancer, courir, pédaler…

À l'école, tu fais du sport pour exercer tes muscles.

Tes membres bougent grâce aux muscles. Si tu soulèves un poids, tu les sens qui se gonflent sous ta peau.

Tous les exercices sont bons pour la santé. Ils font bouger tes bras, tes jambes, et ils te font respirer à pleins poumons !

Et toi, quelle activité aimes-tu pratiquer ?

tu te laves

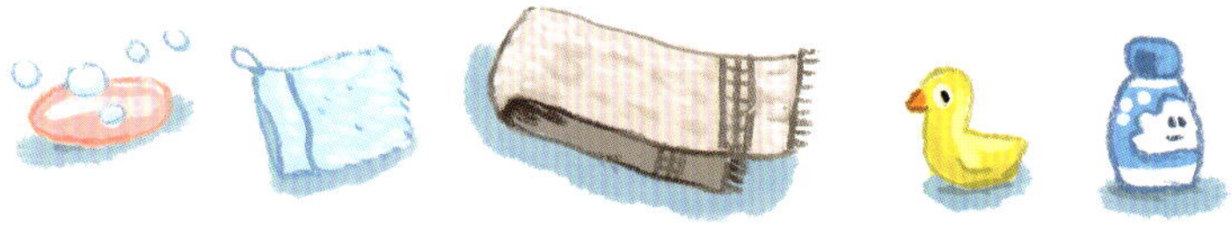

C'est important de nettoyer ton corps, car certaines saletés peuvent apporter des maladies.

Tu te laves les mains avant d'aller manger.

Tu te laves les dents pour éliminer les petits morceaux restés coincés.

Pour tes cheveux, tu utilises du shampooing ou du savon liquide.

Pour faire ta toilette,
tu dois utiliser
du savon
et bien frotter!

Nomme tous les objets
utiles pour se laver.

tu te soignes

 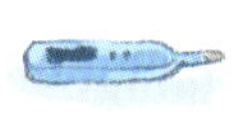    

Tu es malade lorsqu'un petit microbe est entré dans ton corps.

Pour aider à le faire disparaître, le médecin te donne des médicaments.

Certaines maladies se reconnaissent facilement : la varicelle fait apparaître des boutons rouges qui grattent.

Quand tu es malade, il ne faut pas t'approcher des autres, car ils pourraient attraper le microbe!

Quand tu es malade,
tu te sens très faible,
tu n'as pas très faim
et, souvent, tu as très chaud
à cause de la fièvre.

Cette petite fille
a-t-elle des médicaments
pour se soigner ?

tu vas chez le pédiatre

Le pédiatre est le médecin qui s'occupe des enfants.
Tu y vas régulièrement avec ton papa ou ta maman.

Il utilise un marteau pour tester tes réflexes.

Il regarde dans tes oreilles et dans ta gorge.

Il écoute les battements de ton cœur.

Parfois, il te fait un vaccin pour te protéger des maladies très graves.

Le pédiatre vérifie que tu as bien grandi.

As-tu repéré la balance utilisée pour peser les bébés ?

attention au soleil !

As-tu déjà senti comme le soleil chauffe ta peau ? C'est agréable, mais ça peut aussi être dangereux.

La peau agit comme une barrière contre les saletés et les microbes. Il faut la protéger.

Sans protection, elle brûle et devient toute rouge. C'est un coup de soleil !

Si tu oublies tes lunettes de soleil, les rayons du soleil peuvent abîmer tes yeux.

Pour te protéger du soleil, tu peux rester sous un parasol, mais aussi :

porter un chapeau

porter un tee-shirt et des lunettes de soleil

appliquer de la crème protectrice sur ta peau

Repère dans ces images un bob, une casquette, un chapeau de paille et un bonnet.

Quand le corps marche moins bien

Il peut arriver qu'une partie du corps ne fonctionne plus tout à fait normalement. Parfois, ce n'est pas grave et, d'autres fois, c'est plus grave.

Quand on entend mal, on peut porter un petit appareil qui améliore l'audition.

Quand on a une mauvaise vue, on porte des lunettes.

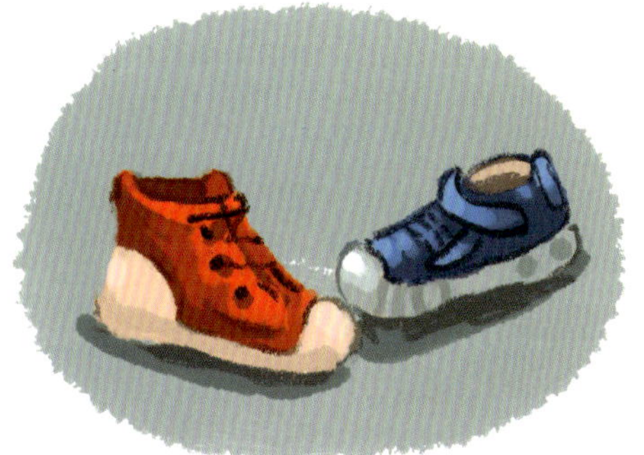

Quand on a du mal à marcher, on utilise une canne, des béquilles ou des semelles spéciales…

Dans ta famille, quelles sont les personnes qui portent des lunettes ?

Les aveugles sont guidés par
leur chien ; les personnes qui n'ont
plus l'usage de leurs jambes se
déplacent en fauteuil roulant.

tes cinq sens

Voir, sentir, goûter, toucher, entendre :
les cinq sens te permettent de comprendre
ce qui se passe autour de toi.
Sans eux, tu serais perdu !

la vue

La vue te permet de reconnaître les formes et les couleurs.

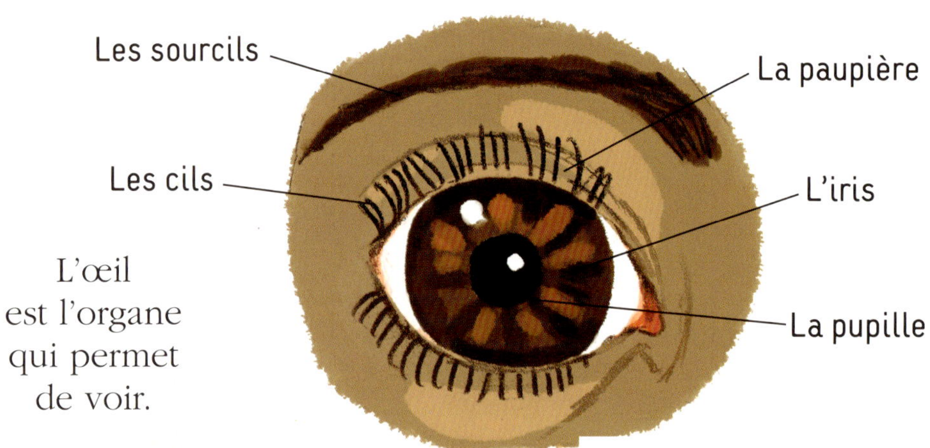

L'œil est l'organe qui permet de voir.

Les lunettes de soleil permettent de voir sans être gêné par les rayons du soleil.

Tu ne peux pas voir dans le noir, il faut allumer la lumière.

Si tu ne voyais pas,
tu aurais beaucoup
de mal à te repérer.
Tu te cognerais partout !

Cache un seul de tes yeux avec
ta main. Tu vois moins bien,
n'est-ce pas ?

l'ouïe

L'ouïe te permet d'entendre les bruits qui t'environnent, même ceux qui sont très discrets.

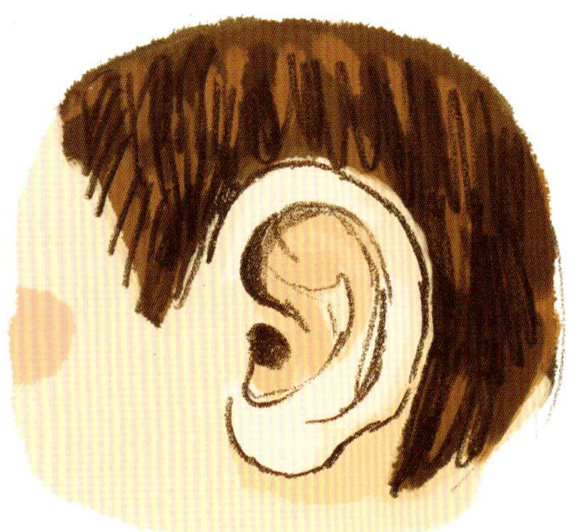

Tu entends avec tes deux oreilles.

Entendre, c'est indispensable pour parler et se comprendre.

Entendre permet aussi de s'apercevoir du danger qui arrive.

Entendre,
c'est merveilleux !
Par exemple, tu peux
écouter de la musique.
Comment s'appellent
ces instruments de musique ?

le toucher

Le toucher te permet de sentir
avec toute la peau de ton corps.

Tu sens
les caresses
de ta maman.

Tu sens
ce qui gratte
sur tout
ton corps.

Tu sens encore
mieux avec le bout
de tes doigts.

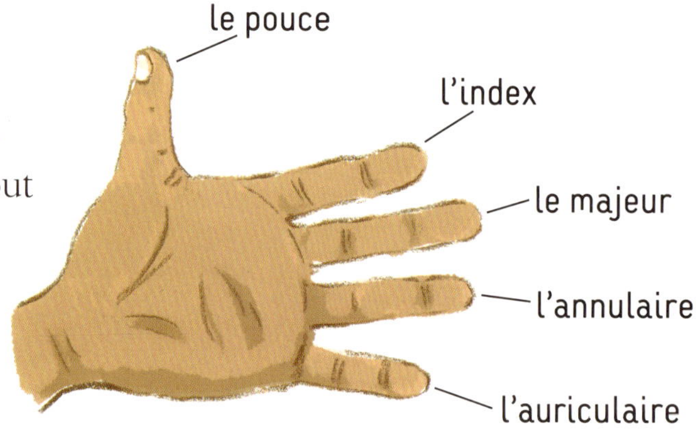

le pouce

l'index

le majeur

l'annulaire

l'auriculaire

En touchant avec tes doigts,
tu peux sentir ce qui est doux,
mais aussi ce qui est piquant!

Montre ce qui est doux
et ce qui est piquant.

l'odorat

L'odorat te permet de sentir les odeurs.

C'est
en respirant
par le nez
que tu peux
reconnaître
les odeurs.

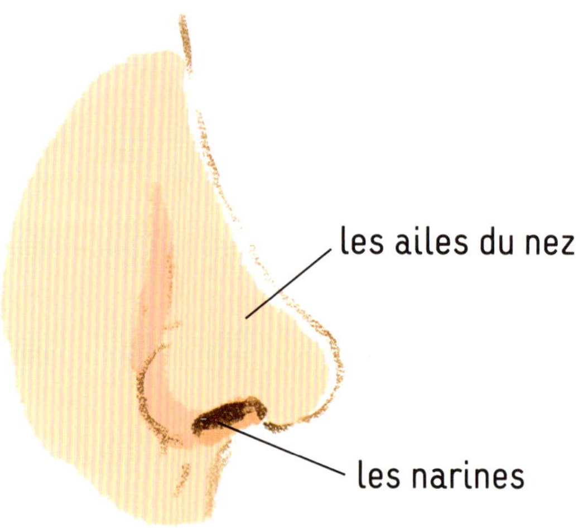

Il y a des odeurs
très agréables,
comme celle des fleurs.

Les chiens savent
reconnaître les odeurs
bien mieux que nous.

Certaines odeurs sont
agréables, d'autres moins.
Mais tout le monde n'aime
pas les mêmes parfums !

Et toi, quelles sont
les odeurs que tu aimes ?

le goût

Le goût permet d'apprécier les aliments que tu manges.

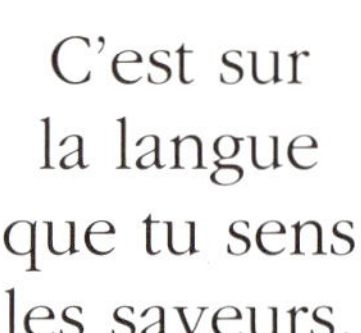

C'est sur la langue que tu sens les saveurs.

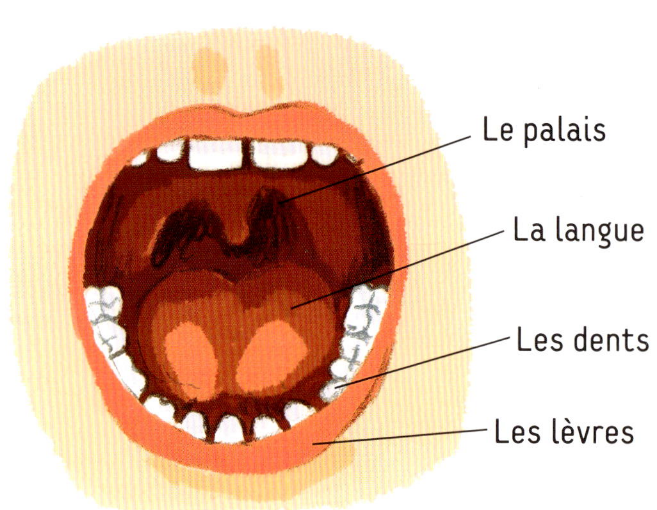

Certains aliments que tu trouves délicieux ne sont pas appréciés par tout le monde!

Sauterelles grillées en Afrique

Escargots en France

Algues au Japon

C'est en cuisinant
de bons ingrédients
que l'on obtient
les meilleurs goûts.

Quand tu vis un moment fort,
tu ressens des émotions agréables ou désagréables.
Ton corps tout entier réagit.

tes émotions

rêves et cauchemars

Quand tu dors, ton cerveau continue à travailler.
Tu réfléchis sans t'en rendre compte,
tu t'inventes des histoires.

Souvent, ces histoires
te rappellent des souvenirs.

Mais, parfois, ces histoires
sont des cauchemars.
Tu trembles, tu as le cœur
serré et tu as chaud.

Alors, tu préfères
te réveiller
et être consolé.
Les cauchemars,
c'est pour de faux !

Quand tu rêves et
que l'histoire est belle,
tu voudrais qu'elle soit vraie.
Tu te sens très bien.

Et toi, te souviens-tu parfois
de tes rêves, le matin ?

pourquoi tu ris?

Le rire est une façon d'exprimer ta joie et ton bonheur. C'est une émotion très agréable!

Chacun a sa façon de rire. Parfois discrètement, parfois très fort!

Quand tu as un fou rire, tout ton corps est secoué.

Parfois même, cela te fait mal au ventre, et tes larmes coulent!

As-tu remarqué que rire donne envie de faire pipi ?

Tu ris quand
tu vois quelque
chose de drôle,
quand on te fait
une farce ou une
surprise.

pourquoi tu pleures?

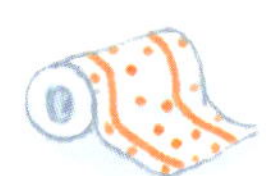

Quand tu es triste ou que tu as mal,
il t'arrive parfois de pleurer.

Les larmes
se forment dans
tes yeux, et ton nez
se met à couler.

Alors, il faut essuyer tes
larmes, puis te moucher
pour vider ton nez.

As-tu déjà remarqué
que pleurer, ça fait du bien?
Après, tu te sens moins triste.

As-tu remarqué comme c'est difficile de se retenir de pleurer ?

Tu pleures quand
tu as un gros chagrin,
parfois aussi quand
tu fais une grosse
colère ou un caprice.

faire un câlin

Tout le monde a besoin de câlins, pour être consolé, pour être rassuré, ou tout simplement pour le plaisir !

C'est agréable de faire un câlin à son grand-père...

à son doudou...

à sa meilleure amie.

Les parents aussi se font des câlins.

Combien de personnes se font
un câlin sur cette grande image ?

Quand on fait un câlin,
c'est pour se dire combien
on s'aime et comme on est bien,
serrés l'un contre l'autre.

le petit observateur

Que sont-ils en train de faire?

Bâiller

Téléphoner

Faire un câlin

Faire du tricycle

Aller aux toilettes

Sauter

Courir

Pleurer et consoler

Faire du ski

Rire

Dessiner

Sucer son pouce

Manger

Si tu es observateur, tu retrouveras toutes ces images au fil des pages.

index

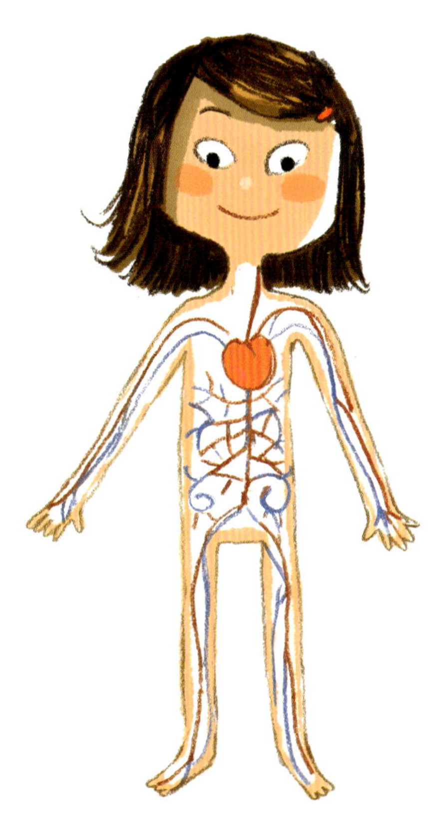

Responsable éditorial
Thomas Dartige
Édition
Nathalie Corradini

ISBN : 978-2-07-062235-1

Numéro d'édition : 293725
Loi n° 49-956 du 16 juillet 1949
sur les publications destinées à la jeunesse
1er dépôt légal : octobre 2009
Dépôt légal : mars 2016
Imprimé en Chine